101 TRUCS ET CONSEILS

CACTUS *et* PLANTES GRASSES

101

TRUCS ET CONSEILS

CACTUS *et* PLANTES GRASSES

Terry Hewitt

EDITIONS FONTAINE

36, rue Fontaine – 75009 PARIS

Un livre de Dorling Kindersley

Première édition en Grande-Bretagne en 1996 par
Dorling Kindersley Limited
9, Henrietta Street, Londres

Dépôt légal : Septembre 1996
Traduction : Adriana Romosan
Composition, mise en page : Studio Michel PLUVINAGE
Imprimé en Italie

ISBN 2 9106 3590 2

EDITIONS FONTAINE

36, rue Fontaine - 75009 Paris
Tél. (1) 49 70 15 55

101 TRUCS ET CONSEILS

PAGES 8 À 13

LES CACTÉES ET AUTRES PLANTES GRASSES

PAGES 14 À 23

AMÉNAGEMENT ET CONTENEURS

PAGES 24 À 26

LE REMPOTAGE

PAGES 27 À 29

L'Arrosage

PAGES 30 À 31

Les Engrais

PAGES 32 À 38

La Lumière

PAGES 39 À 43

La Température

PAGES 44 À 49

L'Entretien

PAGES 50 À 57

La Multiplication

PAGES 58 À 59

Maladies et Parasites

PAGES 60 À 64

Choix d'un Cactus

PAGES 65 À 69

Choix d'une Plante Grasse

Index

LES CACTÉES ET AUTRES PLANTES GRASSES

1 QU'EST-CE Q'UN CACTUS ?

Les cactées — que les botanistes appellent Cactacées — font partie de la grande famille des plantes succulentes. Elles ont la capacité d'emmagasiner l'eau dans leurs tissus. Grâce à ce système de stockage et à d'autres caractéristiques morphologiques, les cactées peuvent survivre pendant les périodes de sécheresse et supporter une luminosité réduite. On parle aussi de "plantes grasses" pour évoquer la sève dont sont remplies leurs tiges, leurs feuilles et leurs racines.

COUPE TRANSVERSALE

Le tissu est rempli de sève.

◁ TIGES CHARNUES

De nombreuses succulentes, notamment la plupart des cactus, présentent des tiges de forme globuleuse ou cylindrique qui fonctionnent comme autant de réservoirs d'eau. L'évacuation du liquide est freinée grâce à une surface très réduite par rapport au volume.

Les aiguillons réduisent la perte en eau.

VUE LATÉRALE

Les racines tubéreuses stockent l'eau à leur tour.

Les feuilles charnues accumulent l'eau.

Les feuilles basales recouvrent le sol afin de préserver l'humidité.

△ Feuilles Charnues
Les feuilles des succulentes revêtent des formes diverses et leur épaisseur varie selon la quantité d'eau disponible dans le milieu. Dans un environnement humide, les feuilles prospèrent et se gorgent de sève ; privées d'eau, elles flétrissent et parfois tombent.

2 Les aréoles

Les cactées se distinguent des autres succulentes par leurs aréoles. Ces protubérances qui ressemblent à des coussins sont à l'origine des repousses, des aiguillons et des bourgeons floraux.
Seuls les cactus en possèdent, mais chez certaines espèces elles peuvent être difficilement visibles.

Tige et feuilles charnues

VUE LATÉRALE

◁ Racines Charnues
Bon nombre de plantes grasses accumulent l'eau dans leurs racines que l'on qualifie de "tubéreuses", car elles ressemblent à de petits tubercules. C'est un réservoir on ne peut plus sûr : le sol conserve un minimum d'humidité en cas de sécheresse, et les racines ne courent pas le risque d'être broutées par les animaux ou brûlées comme les feuilles.

3 LE DÉSERT ET LES RÉGIONS TROPICALES

Bien que l'on associe couramment les cactées aux paysages arides de désert et hauts plateaux, bon nombre de cactées et autres plantes grasses sont originaires de régions tropicales. Chaud et humide, leur habitat naturel leur pose plutôt le problème de manque de lumière. Certains cactus provenant de régions tropicales humides comme les *Epiphyllum* possèdent des tiges plates et assez larges, idéales pour absorber le moindre rayon de lumière.

MILIEU DÉSERTIQUE ET MILIEU TROPICAL ▽ ▷
La survie des cactées et des plantes grasses dépend de leur capacité d'adaptation aux conditions du milieu : difficulté d'accès à la lumière dans la jungle, pauvreté du sol et sécheresse dans le désert.

4 L'ÉTENDUE DES SOINS

On pense en général que ces plantes habituées aux conditions extrêmes n'exigent que très peu de soins. Elles sont sans doute plus résistantes que d'autres espèces, mais si on les oublie trop longtemps, leur croissance s'arrête. En revanche, un entretien régulier leur permet de se développer normalement et de fleurir chaque année.

5 CYCLE DE VIE

Dans les régions désertiques, les cactus et autres plantes grasses passent la plupart de l'année dans un état de repos végétatif. Leur cycle de vie se trouve ainsi sensiblement raccourci. Il suffit d'une précipitation pour que la croissance reprenne avec force. Les plantes produisent alors feuilles, fleurs et graines en moins d'un mois.

◁ **FLEURS DIURNES**
*Les nombreuses fleurs rouges d'*Echinocereus triglochidiatus *brillent en plein soleil.*

La floraison a lieu en été, lorsque la plante atteint 1,2 m de haut.

Les pétales atteignent 25 cm de diamètre.

Les fleurs apparaissent sur les aréoles.

FLEURS NOCTURNES
*En été, les fleurs d'*Echinopsis scopulicola *s'ouvrent au crépuscule et se referment à l'aube. Leurs teintes claires permettent aux papillons de les repérer la nuit.*

6 L'ACHAT D'UNE PLANTE GRASSE

Parmi les milliers de variétés de cactus existantes, seules quelques dizaines d'espèces sont couramment commercialisées par les fleuristes et les horticulteurs spécialisés. Si vous désirez vous procurer des espèces rares ou spectaculaires, vous devez prendre contact avec les associations d'amateurs de cactées et les jardins de plantes exotiques.

Les feuilles atteintes se fanent.

△ PLANTE GRASSE MALADE

Les aiguillons sont uniformément répartis sur une tige robuste.

Touffe de feuilles saines à aspect cireux

△ CACTUS VIGOUREUX

PLANTE GRASSE EN BONNE SANTÉ △

Aiguillons irréguliers sur une tige affaiblie

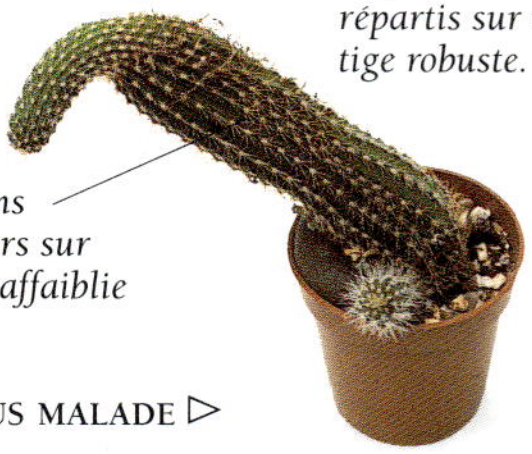

CACTUS MALADE ▷

ACHETER DES PLANTES SAINES
Choisissez toujours une plante vigoureuse (tige ferme, aiguillons réguliers, feuilles charnues chez les succulentes). Vérifiez qu'elle n'est pas atteinte de maladies ou de parasites.

7 COMMENT CHOISIR UN CACTUS

La tige d'un cactus en dit long sur son état de santé :

- Évitez les tiges creuses, dont l'épiderme est endommagée ou d'une couleur terne.
- Les aiguillons doivent être entiers et régulièrement répartis.
- Si le terreau est net et exempt de mauvaises herbes, le cactus a bénéficié de soins adéquats.

8 COMMENT CHOISIR UNE PLANTE GRASSE

Examinez attentivement les feuilles pour vérifier que la plante est en bonne santé :

- Évitez les plantes qui possèdent peu de feuilles, ainsi que celles qui semblent décolorées ou affaiblies.
- Les feuilles d'une plante saine sont régulières et charnues.
- Le pot doit être rempli de terreau presque jusqu'au bord.

9 Espèces d'entretien facile

La plupart des espèces que l'on peut se procurer dans le commerce ou chez les fleuristes spécialisés ont besoin de relativement peu de soins et sont donc idéales pour les débutants. Robustes et peu exigeantes, elles présentent également l'avantage de fleurir à un âge "tendre" (au bout de quelques années de culture seulement).

△ PARODIA HERTERI

Les fleurs roses s'épanouissent tout au long de la belle saison.

La plante fleurit au bout de deux ans.

Les feuilles, de forme triangulaire, sont fortement dentées.

FAUCARIA TUBERCULOSA ▷

Cactées et Plantes Grasses d'Entretien Facile

Cactées

Cereus aethiops
Ferocactus wislizeni
Gymnocalcium baldianum
Opuntia lindheimeri
Parodia herteri
Stenocactus multicostatus

Plantes Grasses

Adromischus cooperi
Cotyledon undulata
Echeveria elegans
Faucaria tuberculosa
Kalanchoe tomentosa
Sempervivum 'Bellot's Pourpre'
Senecio haworthii

▽ SEMPERVIVUM 'BELLOT'S POURPRE'

AMÉNAGEMENT ET CONTENEURS

10 COMMENT REGROUPER LES PLANTES

Les plantes originaires de régions désertiques sont habituées au climat sec et préfèrent une exposition en plein soleil, alors que les plantes grasses provenant de régions tropicales exigent de l'ombre et une ambiance humide. Lorsque vous regroupez plusieurs plantes, veillez à choisir des espèces ayant les mêmes besoins. Cela garantit le bon développement des végétaux à long terme. Par exemple, si vous pouvez installer un mini-jardin de cactées derrière une fenêtre, sélectionnez uniquement des espèces qui aiment une exposition très ensoleillée.

FEROCACTUS HERERAE — *AEONIUM ARBOREUM* — *CRASSULA OVATA* — *CLEISTOCACTUS STRAUSII*

MINI-PAYSAGE

11 RYTHME DE CROISSANCE

Les mini-paysages désertiques sont parfaitement adaptées à l'atmosphère souvent surchauffée et sèche de nos appartements. Pour faciliter la croissance des plantes, rempotez-les au bout de 2 à 3 ans, ou bien renouvelez le terreau régulièrement.

12 COMMENT MANIPULER UN CACTUS

Pour manipuler des plantes épineuses, et surtout les cactées aux aiguillons fins ou très longs, vous pouvez mettre des gants de jardinage ou bien confectionner une bande de papier épais dont vous entourez la plante.

UTILISER DU PAPIER KRAFT OU DU JOURNAL
Repliez-le de façon à obtenir une bande de 5 cm de large. Enroulez la bande autour de la plante et soulevez celle-ci.

METTRE DES GANTS ÉPAIS DE JARDINAGE
Retournez le pot en retenant la plante d'une main. Enlevez le pot d'un mouvement délicat.

13 RETIRER LES AIGUILLONS

Utilisez une pince à épiler pour retirer les aiguillons entrés accidentellement dans la peau. Pour enlever les petites épines irritantes, vous pouvez vous servir d'un morceau de ruban adhésif. Trempez les doigts dans de l'eau savonneuse chaude pour dilater les pores et enlever les épines plus facilement.

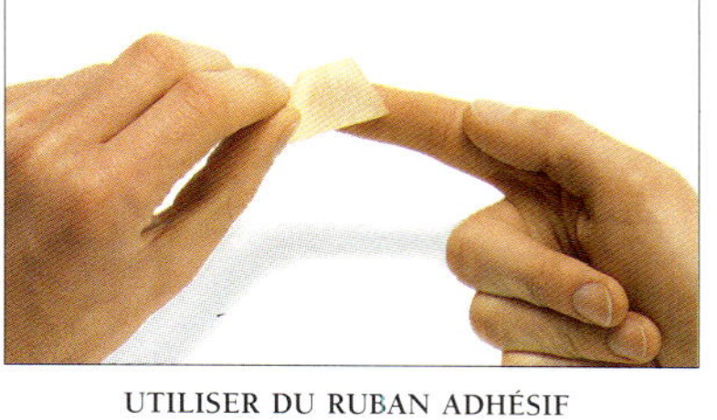

UTILISER DU RUBAN ADHÉSIF

14 DIVERSES FORMES DE CACTUS

Le charme des cactus vient surtout de leur allure étrange, presque abstraite. Les cactées revêtent une diversité de formes étonnante : petites boules, cierges droits, tiges rampantes, immenses “candélabres”. Parmi les plantes grasses, certaines ont un aspect arbustif ou arborescent, d’autres recouvrent le sol de leurs rosettes minuscules. Globuleuses, retombantes ou tapissantes, elles offrent au moment de la floraison un spectacle éclatant de couleur et de fraîcheur qui devient le point d’orgue de toute composition végétale d’intérieur.

△ *LITHOPS KARASMONTANA*

◁ *ECHEVERIA ELEGANS*

AGAVE VICTORIAE REGINAE ▷

ECHINOPSIS SPACHIANUS ▷

CLEISTOCACTUS STRAUSII ▷

◁ *HOYA CARNOSA X KERRI*

△ ECHINOPSIS HYBRIDE

△ *SENECIO STAPELIIFORMIS*

ECHINOPSIS CHAMAECEREUS ▷

△ *FEROCACTUS HERRERAE*

15 UNE BELLE COMPOSITION

Pour créer un mini-jardin de plantes grasses, choisissez des végétaux de même taille mais qui diffèrent par leur forme et leur coloris. Avant de dépoter les plantes et procéder à la plantation définitive, essayez plusieurs variantes de composition.

TROUVER LA DISPOSITION IDÉALE

16 LA CULTURE EN POTS

Les cactées et les plantes grasses ont un rythme de croissance lent et se plaisent à l'étroit dans un pot ou un autre conteneur de petites dimensions. Ce type de culture permet aussi de déplacer les plantes à l'extérieur et de rentrer facilement par mauvais temps les espèces sensibles au froid et à l'humidité. Choisissez des pots qui s'harmonisent avec vos plantes et regroupez-les pour mettre en valeur leurs qualités décoratives.

◁ POTS EN TERRE CUITE
Une paire de cactus candélabres constitue un joli ensemble graphique qui convient aussi bien à l'intérieur que dans un jardin.

PANIERS DE PAILLE △
Les paniers aux motifs ethniques font des cache-pot parfaits pour les plantes cultivées dans des godets en plastique.

DES TONS CHAUDS ▷
Les cactées logées dans des pots peints en couleurs vives créent un effet visuel très fort.

17 Installer les cactus dans la maison

Le choix de l'endroit idéal dépend de plusieurs facteurs :

- Assurez-vous que les plantes bénéficient de suffisamment de lumière, de chaleur et d'humidité.
- Disposez-les à une hauteur raisonnable de façon à ce qu'elles puissent attirer l'œil.

SUR UN REBORD DE FENÊTRE

18 Plantes grasses en pleine terre

Dans les régions au climat doux, on peut planter cactus et plantes grasses dans le jardin. Si la terre est lourde, il faudra créer un petit parterre spécial ou une bordure de mélange terreux poreux, bien drainant. Installés en plein soleil, les végétaux doivent néanmoins être à l'abri des vents forts.

1 Enlevez les graviers et creusez un trou assez large pour rentrer facilement la motte. Démêlez les racines.

2 Installez la plante en terre à la même profondeur que dans le pot. Tassez le sol tout autour et recouvrez de graviers.

19 Des succulentes sur un muret

On peut planter des plantes grasses originaires de régions rocailleuses dans les fissures d'un muret ou d'une bordure. À l'aide d'une petite pelle, glissez un peu de mélange terreux dans la fissure. Insérez les racines de la plante (que vous maintenez délicatement en place) et comblez de mélange. Tassez bien et assurez-vous que le végétal est solidement installé.

20 Équipement et matériel

Pour cultiver des plantes grasses dans votre appartement ou en pleine terre, vous avez besoin d'une paire de gants de jardinage, d'une truelle et de quelques poteries. Lorsque vous planterez de minuscules cactées dans une terrine, vous remplacerez la truelle par une cuillère, plus facile à manier dans un espace restreint. Utilisez un pinceau pour dépoussiérer les cactus.

Gants de Jardinage △
Mettez des gants spéciaux, en cuir ou en caoutchouc épais, pour protéger vos mains.

Cuillère △
Elle fait office de mini-truelle lorsque l'on crée de petites compositions de cactus.

Truelle ▷
Très utile pour réaliser un parterre, mélanger le compost, empoter et rempoter des plantes de grandes dimensions.

△ Pinceaux
Utilisez un pinceau fin pour faciliter la pollinisation. Le pinceau plus fourni sert à nettoyer les plantes.

◁ Poteries
En général, les plantes grasses poussent lentement et possèdent des racines assez courtes. Utilisez de petits pots peu profonds, des bols et des terrines.

21 Les suspensions

Les cactus retombants qui poussent dans la jungle ainsi que les plantes grasses à tiges rampantes peuvent être cultivés dans des paniers suspendus. Pour éviter les brûlures sur les feuilles, veillez à installer la suspension dans un endroit semi-ensoleillé, sous une lumière indirecte.

1 Installez le pot dans le panier métallique. Tapissez-le de mousse de sphaigne et fixez une soucoupe au fond. Remplissez le pot de terreau aux deux tiers.

CACTUS DE NOËL △
Le Schlumbergera *"Frida", un hybride qui se plaît à l'ombre, fleurit en hiver.*

2 Dépotez les plantes. Tenez la plante d'une main et démêlez délicatement la motte en la débarrassant du vieux mélange terreux. Veillez à ne pas abîmer les racines.

3 Installez les plantes et remplissez le pot de terreau. Tassez du bout des doigts. Arrosez 2 ou 3 jours plus tard, afin d'éviter les risques de pourriture.

22 LES CACTUS DANS UNE JARDINIÈRE

Une jardinière peut accueillir un véritable paysage “désertique” où les divers contours et coloris des cactées et plantes grasses se combinent pour créer un bel effet d'ensemble. Pour une jardinière qui restera à l'extérieur la plupart de l'année, la clé de la réussite est un bon drainage. Rentrez les plantes en hiver, car elles sont sensibles au froid.

1 △ Recouvrez les trous d'évacuation de tessons et de gravier. Placez une feuille de papier kraft par-dessus (le terreau ne se mêlera plus au drainage).

2 △ Remplissez la jardinière à moitié de terreau. Dépotez les plantes une à une, puis installez les mottes à la même profondeur que dans le pot d'origine. Comblez de terreau et tassez délicatement.

3 △ Nettoyez les plantes au pinceau. Répandez une couche de graviers à la surface du terreau pour conserver l'humidité et empêcher le développement des

Placez les grandes plantes derrière les petites.

L'AMÉNAGEMENT DÉFINITIF

Pour réaliser cette composition, vous avez besoin de (de gauche à droite) : Crassula ovata, Echeveria elegans, Cleistocactus strausii, Aeonium arboreum “Atropurpureum”, Ferocactus herrerae, Ferocactus latispinus, Echinopsis spachiana, Mammillaria bombycina.

23 POTS ET BOLS

Vous pouvez créer un mini-jardin d'appartement très facile d'entretien avec des petites cactées à développement lent et des plantes grasses de climat sec. Installez votre composition dans un pot peu profond ou dans un bol, et placez-le dans un endroit bien ensoleillé. Au bout de deux ou trois ans, pensez à rempoter les plantes.

1 △ Mélangez deux tiers de tourbe et un tiers de sable grossier. Disposez cette couche drainante au fond du bol.

2 △ Placez les cactées imposantes à l'arrière. Plantez chaque espèce à la même profondeur que dans le pot d'origine. Comblez de terreau.

3 △ Une fois les plantes installées, tassez bien le terreau en surface.
À l'aide d'un pinceau, éliminez les fragments de terreau accrochés aux feuilles.

COMPOSITION D'INTÉRIEUR
Pour créer cette composition, vous avez besoin de (dans le sens des aiguilles d'une montre à partir d'en haut à gauche) : Aeonium haworthii, Opuntia sp., Echeveria fimbriata, Echeveria elegans, Mammillaria magnimamma. *Ces plantes ayant des racines très courtes, un bol de 8 cm de profondeur sera suffisant. Elles ont besoin de très peu d'eau et entrent en repos végétatif en hiver.*

Le Rempotage

24 Le terreau

Les cactées et les plantes grasses prospèrent dans un mélange qui s'égoutte parfaitement tout en retenant l'humidité. Il existe dans le commerce des composts spéciaux pour cactées. Vous pouvez bien entendu réaliser votre propre terreau de rempotage en mélangeant de la fibre de coco, de la tourbe, des écorces de pin et du sable de rivière. Le terreau à base de terre de jardin convient aussi bien, à condition qu'il comporte une part de sable grossier ou de perlite.

25 Une question de quantité

Les racines des plantes cultivées en pots doivent être recouvertes par le mélange terreux jusqu'à 1 cm du bord afin qu'elles puissent profiter de l'eau d'arrosage et de l'air. Avec le temps, le mélange devient compact et se tasse. Il faudra donc compléter le niveau régulièrement.

26 LES MÉLANGES TERREUX

La capacité de drainage, la rétention d'eau et l'acidité sont les critères essentiels à respecter lorsque l'on envisage de réaliser soi-même un mélange terreux.

À L'INTÉRIEUR

Pour les plantes d'appartement, mélangez deux tiers de terre franche et un tiers de sable grossier. Les composts à base de terre de jardin, bien que convenables, risquent de se compacter s'ils se dessèchent. Vous pouvez également ajouter du sable de rivière aux mélanges pour cactées du commerce.

EN PLEINE TERRE

La plupart des cactées et des plantes grasses se plaisent dans un substrat légèrement acide. Pour augmenter l'acidité du sol, ajoutez de la tourbe ou de la terre de jardin. Si le sol est sablonneux, comptez une part de tourbe pour trois parts de sol, ainsi qu'un peu de sable grossier.

À L'EXTÉRIEUR, EN POTS

Pour les plantes cultivées à l'extérieur aussi bien en pots que dans un parterre, préparez le terreau en mélangeant trois parts de tourbe, fibres de coco ou écorces de pin, et une part de sable de rivière. Pour les poteries à drainage imparfait, utilisez un mélange de tourbe et de sable de rivière.

27 LE DRAINAGE

L'eau d'arrosage doit pouvoir s'écouler rapidement. Si elle stagne, les racines des plantes pourrissent. Lors d'un rempotage, commencez par recouvrir de tessons les trous d'évacuation, puis disposez une couche de graviers ou des billes d'argile expansée au fond du récipient. Recouvrez le matériel drainant d'une feuille de papier.

DU PAPIER KRAFT

Avant de remplir la terrine de mélange, recouvrez le drainage d'une feuille de papier kraft. Celle-ci va se dissoudre assez vite.

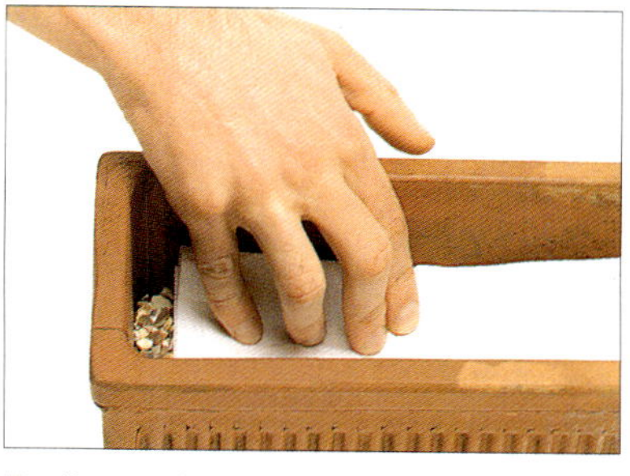

DU PAPIER ABSORBANT

Vous pouvez également utiliser du papier absorbant du type essuie-tout. Il empêchera le terreau de "boucher" le drainage.

28 Les graviers en surface

Il est conseillé de tapisser la surface du terreau d'une couche de graviers. Cela permet de conserver l'humidité du sol et empêche le tassement du terreau, ainsi que le développement des mauvaises herbes. L'érosion du sol est également limitée, et les plantes ne risquent pas d'être immergées pendant l'arrosage. Le gravier doit être une matière inerte — évitez donc les composants calcaires, qui augmente l'alcalinité du sol.

Une Surface de Graviers

Disposez une couche de graviers à la surface du pot. Ainsi, le terreau restera humide et exempt de mauvaises herbes.

29 Une couverture décorative

Les graviers sont non seulement utiles (*voir ci-contre*), mais aussi très décoratifs. Utilisez de petits ou gros cailloux de couleur naturelle. Les galets peints détournent l'attention et contrastent trop avec la simplicité des plantes.

PETITS CAILLOUX

GRAVIERS

PIERRES CONCASSÉES

L'ARROSAGE

Arrosez uniquement quand la jauge indique que le sol est sec.

MESURER L'HUMIDITÉ DU SOL

30 QUAND FAUT-IL ARROSER ?

Si les cactées souffrent rarement d'un manque d'eau, on en voit très souvent qui pourrissent à cause d'arrosages excessifs. La plupart des cactées et des succulentes supportent bien la sécheresse. En revanche, leurs racines s'abîment irrémédiablement dans un sol détrempé.

- Une jauge d'humidité permet de mesurer avec précision la teneur en eau du sol.
- Attendez que le sol soit presque sec pour arroser.
- En général, les cactus et les plantes grasses exigent davantage d'eau en période de croissance active (au printemps ou en été). L'apport en eau doit être très réduit pendant le repos végétatif (les mois d'hiver).

31 ATTENTION, SOLEIL !

En été, les cactus risquent de subir des dommages irréversibles à cause de la forte luminosité et de la chaleur, alors qu'ils tolèrent plutôt bien un manque d'eau passager. Leur parade, c'est l'entrée en dormance. Ils se ratatinent légèrement... pour reprendre vie dès qu'ils reçoivent un peu d'eau. Les cactus aiment la lumière mais détestent le soleil direct. Placez-les donc dans un coin ombragé pour éviter que leur épiderme ne se couvre de taches brunes de brûlures.

TACHES BRUNES DE BRÛLURES

32 LE CALENDRIER DES ARROSAGES

L'apport en eau varie au cours de l'année en fonction des besoins spécifiques des cactus et plantes grasses (*voir calendrier ci-dessous*). Au printemps et en été, donc en période de croissance active, il faudrait arroser les plantes une fois par semaine ou deux fois par mois. En hiver — période de repos végétatif —, les végétaux exigent très peu d'eau.

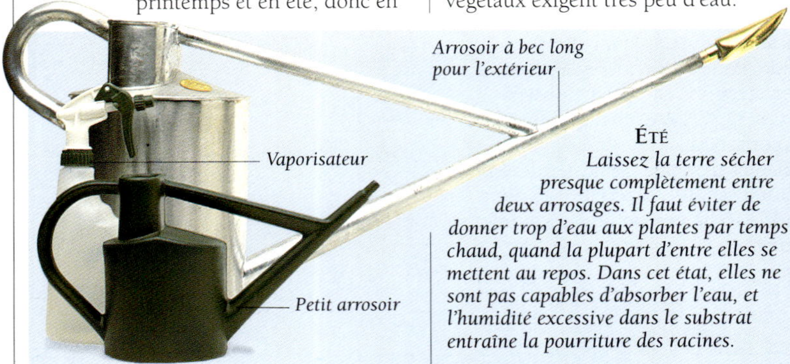

PRINTEMPS
Arrosez une fois par semaine ou tous les quinze jours. Les plantes cultivées en petits pots en appartement ont besoin d'un peu plus d'eau, car le terreau se dessèche plus rapidement. Celles qui vivent à l'extérieur – en pleine terre, ou dans des pots de grande taille – bénéficient plus longtemps de l'humidité du sol, surtout s'il est protégé par une couche de graviers.

ÉTÉ
Laissez la terre sécher presque complètement entre deux arrosages. Il faut éviter de donner trop d'eau aux plantes par temps chaud, quand la plupart d'entre elles se mettent au repos. Dans cet état, elles ne sont pas capables d'absorber l'eau, et l'humidité excessive dans le substrat entraîne la pourriture des racines.

AUTOMNE
C'est une période de croissance, comme le printemps. Arrosez les plantes une fois par semaine ou tous les quinze jours.

HIVER
Si la température ne dépasse pas 10 °C, arrosez une fois par mois. Dans les régions tempérées ou froides, les plantes n'ont pas besoin d'eau.

33 L'ARROSAGE DANS LA JOURNÉE

Il est conseillé d'arroser les plantes grasses tôt le matin ou en fin d'après-midi. Ainsi, les racines pourront absorber l'eau, et le feuillage sera parfaitement sec avant qu'il ne fasse trop chaud. Un arrosage en plein soleil peut provoquer des brûlures sur les feuilles, voire entraîner la mort de la plante.

ARROSER DANS UN COIN D'OMBRAGE

34 COMMENT AUGMENTER L'HUMIDITÉ

Bon nombre de cactus et plantes grasses se plaisent dans une atmosphère sèche, mais les espèces originaires des régions tropicales ont besoin d'un climat humide. Pour ces dernières, vous devrez créer une ambiance de serre (21 °C à 32 °C). Augmentez l'humidité en vaporisant de l'eau sur les feuilles. Les plantes d'origine tropicale adorent les "brumisations", mais elles résistent aussi à la sécheresse comme les autres succulentes.

VAPORISER DE L'EAU SUR LES CACTUS ÉPIPHYTES

ARROSAGE EN SURFACE

35 MÉTHODE D'ARROSAGE

Arrosez un mini-jardin de cactées en pluie fine pour éviter de déplacer les graviers. Si vous cultivez des plantes dans de petits pots, versez l'eau doucement à la surface du mélange. Donnez aux plantes une quantité d'eau raisonnable pour éviter tout risque de pourriture des racines.

36 LA POURRITURE DES RACINES

Chez les cactus et les plantes grasses, l'eau en excès, le froid, la fragilité des racines sont souvent responsables du dépérissement des plantes. Les champignons qui provoquent la pourriture des racines franchissent la barrière de l'épiderme et attaquent les plantes, qui deviennent molles et noircissent. Si votre plante souffre de la pourriture du collet, prélevez des tiges saines pour en faire des boutures et jetez le reste de la plante. Si les tiges des cactées installées en pleine terre sont atteintes de pourriture, traitez avec du sulfate de cuivre.

Les Engrais

37 Engrais et croissance

Dans leur milieu naturel, les cactées bénéficient rarement d'éléments nutritifs équilibrés. Si elles “survivent” malgré toutes les carences dans les régions désertiques, les engrais leur assurent en revanche un développement optimal. Pendant la période de croissance active, les apports réguliers d'engrais jouent un rôle bénéfique : les tiges des plantes grasses poussent mieux grâce à l'azote, le potassium favorise la floraison, le phosphore facilite la croissance racinaire.

Des Cactus en Fleurs
Bien qu'habitués aux sols pauvres en substances minérales, les cactus cultivés prospèrent grâce à l'engrais.

38 Le rythme des fertilisations

Au moment du rempotage, mélangez un fertilisant de base dans le nouveau terreau. Par la suite, incorporez à l'eau d'arrosage la quantité nécessaire d'engrais liquide ou solide. Les plantes des régions désertiques peuvent absorber une dose d'engrais par semaine. Les plantes des régions tropicales se contenteront d'une dose tous les quinze jours.

39 TYPES D'ENGRAIS

Vous pouvez vous procurer dans les magasins spécialisés de l'engrais sous diverses formes : liquide, en poudre soluble, en granulés, comprimés, tablettes, etc. Ces substances fertilisantes peuvent être organiques ou minérales. Les engrais organiques — des algues par exemple — sont riches en oligo-éléments mais globalement moins "nourrissants" que les engrais minéraux.

40 UNE FUMURE SPÉCIFIQUE

Les plantes grasses réagissent bien dans un premier temps à l'engrais liquide pour tomates très dilué (moitié engrais, moitié eau). Cependant, il ne représente pas une solution à long terme. Pauvre en azote, cet engrais finit par affecter lourdement la croissance (plantes rabougries, aux allures ligneuses).

41 L'EXCÈS D'ENGRAIS

L'aspect des plantes se modifie à la suite d'une fertilisation excessive, notamment lorsqu'il s'agit d'un engrais trop riche en azote. Les cactus "maigrissent" et ne fleurissent plus ; les plantes des régions tropicales produisent des tiges fines, longues, qui se couvrent parfois de taches brunes.

La Lumière

42 L'éclairage naturel

La plupart des cactus et plantes grasses ont besoin de beaucoup de lumière pendant leur croissance active pour rester en bonne santé.
En hiver, pendant le repos végétatif, elles supportent une baisse de luminosité mais non l'absence totale de lumière. Les plantes cultivées en appartement devront être installées derrière une fenêtre. L'éclairage artificiel pourrait compléter un ensoleillement insuffisant.

L'Emplacement des Plantes

Les plantes grasses des régions désertiques exigent un éclairage naturel soutenu tout au long de l'année. Installez vos plantes juste derrière une fenêtre. Le reste de la pièce est trop sombre pour elles.

ÉPIDERME PÂLE = MANQUE DE LUMIÈRE

43 Le manque de lumière

Un éclairage insuffisant et des carences minérales affectent sérieusement le développement des cactus et des plantes grasses. Elles deviennent pâles et frêles, poussent en longueur, leurs tiges s'entortillent ou se rabougrissent.
Supprimez les pousses qui manquent de vigueur et installez la plante dans un endroit ensoleillé.

44 PLANTES TRÈS SENSIBLES À LA LUMIÈRE

Certaines cactus et plantes grasses ont une photosensibilité particulière : elles ne fleurissent que lorsque l'ensoleillement descend en dessous de 12 heures par jour. Jusqu'à l'apparition des bourgeons floraux, placez ces espèces dans une pièce peu éclairée le soir.

La plante fleurit en hiver.

La couleur des fleurs varient en fonction de la lumière.

△ SCHLUMBERGERA "CACTUS DE NOËL"

Les fleurs apparaissent à la fin de l'été.

Feuilles charnues, gris argenté

◁ CRASSULA FALCATA

Feuilles bicolores d'aspect brillant : vert foncé à la face supérieure, rouge-violet à la face inférieure.

△ CRASSULA STREYI

45 AMÉLIORER L'ÉCLAIRAGE EN HIVER

Les cactées et succulentes s'habituent facilement à recevoir moins de lumière en hiver, pendant leur repos végétatif. Néanmoins, même les plantes d'ombre, comme l'*Epiphyllum*, ont besoin d'un éclairement constant. Une solution consiste à placer un miroir derrière la plante. Dans les magasins spécialisés, on peut également acheter des lampes électriques adaptées aux besoins des cactus.

46 Plantes de plein soleil

Ce sont bien entendu des plantes originaires de zones désertiques, qui affectionnent un climat très sec. Si la température ne descend pas en dessous de 16 °C en hiver, vous pouvez les cultiver en pleine terre. Dans les régions tempérées, offrez-leur un coin chaud et ensoleillé : le rebord de la fenêtre ou une mini-serre.

◁ *MAMMILLARIA PARKINSONII*

Ce cactus de plein soleil fleurit et produit des fruits rouges au printemps ou au début de l'été.

Cette plante d'origine mexicaine produit des fleurs d'un jaune éclatant.

◁ *ASTROPHYTUM MYRIOSTIGMA*

Plantes de Plein Soleil

Cactus

Ariocarpus sp.
Astrophytum myriostignma
Cephalocereus sp.
Cleistocactus sp.
Echinopsis sp.
Mammillaria sp.

Plantes Grasses

Agave utahensis
Aloe dichotoma
Conophytum species
Cyphostemma sp.
Gibbaeum sp.
Lampranthus sp.

47 COMMENT ÉVITER LES BRÛLURES

En été, même les plantes de plein soleil craignent l'effet de la lumière directe, et particulièrement celles qui sont cultivées dans des serres. Pensez à installer des voilages ou à doubler de toile "parasol" les toits de verre. Lorsque vous envisagez de sortir les petits cactus à l'extérieur, prévoyez une acclimatation progressive sur quelques jours et des dispositifs de protection en tissu.

△ ALOE DICHOTOMA

Les feuilles pointues de cet agave peuvent être bleues, grises ou vert foncé.

△ AGAVE UTAHENSIS

Ses fleurs, nocturnes, apparaissent en été.

Une plante de climat bien chaud

ECHINOPSIS ▷ MAMILLOSA F. KERMESINA

48 PLANTES D'OMBRE ET DE SOL SEC

Ces plantes originaires des régions arides adorent la sécheresse ainsi qu'une lumière indirecte. Elles pourrissent facilement en cas d'arrosage excessif. Une exposition prolongée au soleil a des conséquences néfastes (brûlures graves sur les feuilles).

Les feuilles d'un vert brillant sont rondes ou lancéolées.

Feuilles luisantes et charnues – une plante grasse typique.

◁ *CRASSULA OVATA*

Fleurs d'un rouge orangé, en forme de cloche

Ces rosettes de feuilles rosâtres sont très sensibles au soleil.

Les inflorescences rouge-orange apparaissent à la fin de l'été.

△ x *GRAPTOVERIA "DEBBI"*

PLANTES QUI AIMENT L'OMBRE ET LE SOL SEC

CACTÉES

Echinopsis chamaecereus f. *lutea*

PLANTES GRASSES

Ceropegia woodii
Crassula ovata
Echeveria setosa
Euphorbia sp.
Gasteria species
Graptopetalum bellum
x *Graptoveria* 'Debbi'
Haworthia attenuata
Huernia sp.
Kalanchoe blossfeldiana

△ GRAPTOPETALUM BELLUM

◁ ECHEVERIA SETOSA

Plante très dense, qui pourrit en cas d'arrosage excessif.

Ses épines rouges ressemblent aux aiguillons des cactées.

△ EUPHORBIA HORRIDA

49 PLANTES D'OMBRE ET D'HUMIDITÉ

Certains cactus dits épiphytes (vivant sur d'autres plantes sans les parasiter) doivent être cultivés dans une ambiance chaude et humide comme celle d'une serre, à l'abri du soleil direct. Leur habitat naturel est la forêt tropicale humide. Ils poussent à l'ombre des grands arbres, où leurs longues feuilles s'efforcent de capter chaque rayon de soleil. Vaporisez fréquemment de l'eau sur les plantes pour maintenir un degré d'humidité élevé.

◁ *APOROCACTUS FLAGELLIFORMIS*

Les tiges peuvent atteindre 30 cm de long au bout d'un an.

▽ *x APOROPHYLLUM "DAWN"*

Ses fleurs sont plus grandes que celles du genre Aporocactus.

PLANTES QUI AIMENT L'OMBRE ET L'HUMIDITÉ

CACTÉES

Aporocactus flagelliformis
x Aporophyllum (la plupart des hybrides, dont *x A.* 'Dawn', *x A.* 'Sussex Flame')
Epiphyllum hybrides
Heliocereus sp.
Rhipsalis sp.
Schlumbergera sp.
Selenicereus sp.

PLANTES GRASSES

Aeonium sp.

LA TEMPÉRATURE

50 TEMPÉRATURE ET CROISSANCE

La plupart des cactus et un certain nombre de plantes grasses poussent en été et connaissent un repos végétatif en hiver. Néanmoins, les températures extrêmes provoquent leur entrée en dormance à n'importe quelle époque de l'année. Pour une croissance normale, la majorite des plantes grasses a besoin d'une température moyenne de 16 °C. Les végétaux des régions tropicales exigent des températures supérieures : 21 °C à 32 °C.

LUMIÈRE ET CHALEUR
Les cactus et plantes grasses, à maturité, ont besoin de lumière et de chaleur pour continuer à pousser. Le rebord de la fenêtre est un emplacement idéal pour ces plantes.

51 Les dégâts causés par le froid

Pensez à rentrer vos cactus et plantes grasses dès que la température atteint 5 °C. En effet, si un nombre restreint d'espèces peuvent vivre, pendant une courte période, à 0 °C, la plupart des plantes grasses redoutent le froid. Les nouvelles pousses surtout sont gravement affectées par le gel et finissent par tomber. Pour sauver une plante gelée, éliminez si possible les zones mortes, puis installez-la dans une pièce chauffée et ventilée pour éviter les attaques de la pourriture.

CICATRICES DUES AU FROID

52 La ventilation

Si vous cultivez vos plantes dans une mini-serre, pensez à installer un système de ventilation sans courants d'air. Il permet de réduire l'humidité, et donc d'éviter l'apparition de la pourriture. Les cactus qui vivent en appartement apprécient également un changement d'air. Il est conseillé de les placer à l'extérieur en été.

53 Protection contre le gel

La plupart des cactées et plantes grasses supportent bien la fraîcheur mais craignent le gel. Lorsque la température risque de descendre en dessous de 5 °C, vous devez prendre quelques précautions. Enveloppez vos plantes dans une feuille de papier kraft ou de plastique, ou bien confectionnez des sacs en grosse toile pour les protéger. Les grands cierges sont plus sensibles au froid que les plantes globuleuses.

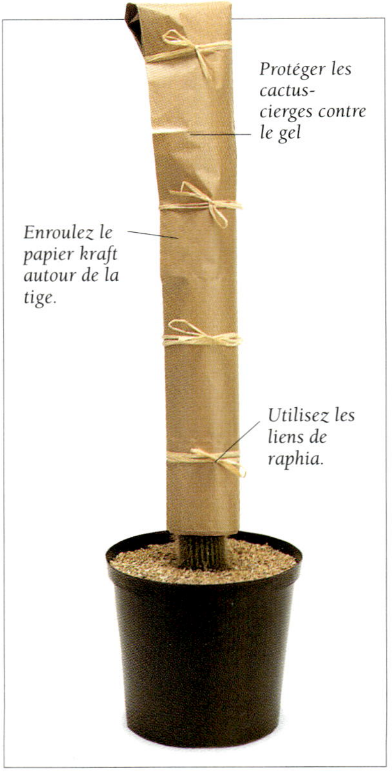

PROTÉGER LES GRANDS CACTUS DU GEL

54 PLANTES DE CLIMAT CHAUD

On regroupe dans cette catégorie les cactus et les plantes grasses sensibles au froid. Ces plantes fleurissent à condition que la température ne descende pas en cours d'année en dessous de 16 °C. Dans les régions tempérées, elles seront cultivées en appartement ; en été, on peut les installer à l'extérieur. N'oubliez pas de les rentrer en automne.

Cette couronne d'épines apparaît lorsque la plante a atteint la maturité.

△ MELOCACTUS MATANZANUS

Au soleil ou à l'ombre, ce Melocactus *apprécie la chaleur.*

La face inférieure des feuilles est légèrement plus pâle et duveteuse.

L'Adenium, surnommé le "désert rose", fleurit du printemps à l'automne.

Les feuilles ont des nervures saillantes

La tige contient une sève laiteuse toxique.

ADENIUM ▷ OBESUM

PLANTES DE CLIMAT CHAUD

CACTÉES

Echinocactus grusonii
Echinopsis chamaecereus f. lutea
Epiphyllum crenatum
Gymnocalycium mihanovichii "Red Top"
Melocactus matanzanus
Rhipsalis crispata

PLANTES GRASSES

Adenium obesum
Brachystelma barberae
Caralluma sp.
Ceropegia woodii
Cyphostemma bainesii
Monadenium sp.
Pachypodium namaquanum
Sansevieria trifasciata

55 Plantes de climat tempéré

Il s'agit d'espèces de cactus et plantes grasses qui tolèrent les températures assez fraîches en automne et en hiver : jusqu'à 5 °C. Dans les régions où les températures hivernales avoisinent régulièrement 0 °C, rentrez les plantes pour éviter qu'elles ne gèlent ou prévoyez un système de protection.

Les feuilles, bordées de jaune, peuvent atteindre 1,5 m de long.

▷ *AGAVE AMERICANA "VARIEGATA"*

Les tiges bleutées, aux côtes marquées, revêtent des formes "monstrueuses".

Cultivé en pot, il est facile à rentrer en hiver.

◁ *CEREUS HILDMANNIANUS VAR. MONSTROSE*

Plantes de Climat Tempéré

Cactées

Aporocactus flagelliformis
Cereus hildmannianus var. *monstrose*
Echinocereus (la plupart des espèces, dont *E. cinerascens*)

Plantes Grasses

Aeonium arboreum "Atropurpureum"
Agave americana "Variegata"
Echeveria elegans
Gasteria (la plupart des espèces, dont *G. batesiana*)
Gibbaeum album
Lampranthus haworthii
Lewisia cotyledon

56 Plantes de climat froid

Quelques cactées et succulentes peuvent être qualifiées de "rustiques" car elles supportent des températures très basses, allant jusqu'à -15 °C, à condition qu'elles soient au régime sec et bien protégées par une couche de neige. La plupart de ces plantes robustes sont des espèces arbustives ou tapissantes.

Cet hybride est recherché pour l'aspect de plume de ses feuilles.

Les feuilles sont protégées par une surface duveteuse.

Une espèce de montagne cultivée dans les jardins de rocaille

SEMPERVIVUM "ODDITY" △

La joubarbe se distingue par sa rosette de feuilles pointues.

SEMPERVIVUM "EMERSON GIANT" ▷

Plantes de Climat Froid

Plantes Grasses
Sedum (de nombreuses espèces rustiques, dont S. acre, S. album, S. cauticolum, S. spectabile, S. spurium)
Sempervivum (diverses espèces naturelles et hybrides, dont S. arachnoideum, S. "Emerson's Giant", S. "Oddity")

L'ENTRETIEN

57 NETTOYER LES PLANTES GRASSES

N'attendez pas le rempotage pour nettoyer vos plantes. La poussière qui s'accumule sur les plantes d'appartement les rend ternes et peut aussi affecter les fonctions de leur épiderme. Pour conserver l'éclat des cactus et plantes grasses, nettoyez-les régulièrement à l'aide d'un pinceau à poils souples. Dépoussiérez tiges et feuilles délicatement, sans négliger fentes et plis.

DÉPOUSSIÉRER À L'AIDE D'UN PINCEAU

ÉPOUSSETER EN SOUFFLANT

58 DÉPOUSSIÉRER UN CACTUS

Installés sur le rebord de la fenêtre ou ailleurs dans la maison, les cactus se couvrent de poussière avec le temps. Inesthétique, la poussière affecte aussi la santé de la plante : elle empêche le déroulement normal de la photosynthèse, car les cellules ne peuvent plus capter les rayons de soleil, et entraîne par conséquent un ralentissement de la croissance du végétal. Pour nettoyer vos plantes tout en évitant le contact des épines, la solution idéale consiste à employer un sèche-cheveux. Fixez celui-ci en position "air frais" et tenez-le à 15 cm environ du cactus.

59 ENLEVER LES FLEURS FANÉES

Pour rester en bonne santé et conserver un aspect agréable, vos plantes doivent être débarrassées des fleurs fanées. Pincez celles-ci entre le pouce et l'index, et retirez-les délicatement. Poursuivez cette opération tout au long de la période de floraison.

PINCER LES FLEURS FANÉES

ENLEVER LES FEUILLES ABÎMÉES

60 ENLEVER TIGES ET FEUILLES MORTES

Les feuilles et les pousses mortes ou abîmées sont facilement attaquées par les maladies et les parasites. Enlevez systématiquement toutes les parties atteintes pour maintenir la plante en bonne santé. Sur une plante grasse qui possède des rosettes de feuilles, saisissez la feuille morte à la base, près de la tige, et arrachez-la.

61 SUPPRIMER LES ZONES ATTEINTES

Si les besoins culturaux des cactus et plantes grasses ne sont pas respectés, il arrive que certaines feuilles ou tiges s'abîment. Les parties atteintes doivent être supprimées pour sauver la plante et éviter les risques de pourriture. Utilisez un sécateur pour couper les tiges mortes ou flétries. Par la suite, arrosez correctement la plante et faites des apports d'engrais réguliers.

UTILISER UN SÉCATEUR

62 ÉLAGUER LES PLANTES GRASSES

La plupart des plantes grasses et quelques cactus "à feuilles" nécessitent une taille d'entretien. Elle permet à la plante de conserver sa forme initiale et de produire de nouvelles pousses florifères. Supprimez les tiges applaties qui poussent de façon désordonnée. Ainsi, la plante gagnera en vigueur et sera plus résistante face aux attaques des maladies et parasites. Élaguez les plantes grasses à port touffu au printemps, et en été celles qui feurissent en hiver. Taillez les cactus épiphytes après la floraison.

COUPER LES POUSSES INESTHÉTIQUES

63 TAILLE D'ENTRETIEN

Utilisez un sécateur bien aiguisé, car les outils émoussés écrasent la tige et laissent des cicatrices irrégulières qui s'infectent facilement. Coupez toujours juste au-dessus d'un bourgeon ou d'une jeune pousse. N'hésitez pas à rafraîchir les plantes denses ou tapissantes en supprimant les vieilles tiges brunes qui s'accumulent à leur base. Si vous cultivez des plantes rampantes, sectionnez les tiges trop longues pour favoriser l'apparition de nouveaux rejets près du tronc. Attention, les plantes taillées trop souvent peuvent devenir ligneuses.

1 Supprimez les pousses qui bifurquent à partir de la tige mère. À l'aide d'un sécateur, sectionnez la tige juste en dessous de la fourche. Pour prévenir les risques d'infection, faites une coupe nette, sans laisser de moignon.

2 Sectionnez de la même façon les tiges abîmées ou atteintes de maladies, ainsi que les vieilles tiges situées à la base de la plante qui ne produiront plus de fleurs.

3 Pour favoriser la croissance vigoureuse des tiges, coupez également les pointes brunes. Sectionnez celles-ci en biais pour ne conserver que la tige saine.

4 La taille favorise la floraison. Racourcissez toutes les tiges anciennes qui ont déjà fleuri jusqu'à ce qu'elles soient de même longueur que les jeunes pousses. Coupez en biais une vieille tige tout près de l'endroit où s'articule la nouvelle pousse.

CONSERVER LES JEUNES POUSSES

64 LE REMPOTAGE

Toutes les cactées et les plantes grasses doivent être rempotées régulièrement pour plusieurs raisons : favoriser la croissance des racines - qui, trop comprimées, ne peuvent pas absorber l'eau et les substances nutritives, ce qui affecte la croissance de la plante-, aérer un sol trop compact et permettre aussi à l'eau d'y pénétrer, fournir à la plante un terreau riche en éléments minéraux.

Les pointes brunâtres sont un signe de mauvaise santé.

Installée dans ce pot, la plante va continuer de croître.

LE REMPOTAGE S'IMPOSE ▷
Les racines qui s'échappent du pot par les trous de drainage indiquent que cette plante grasse à croissance rapide doit être transplantée dans un pot un peu plus grand.

Manipulez les racines délicatement.

65 AÉRER LA MOTTE

Dépotez doucement la plante et examinez attentivement ses racines. Veillez à ne pas abîmer le système racinaire, souvent très fragile chez les sujets qui n'ont pas été rempotés depuis longtemps, ou qui ont été cultivés dans une ambiance trop sèche ou trop humide. Si la motte est comprimée, démêlez les racines délicatement avant de procéder au rempotage. Si vous désirez cultiver la plante dans un nouveau type de terreau, prenez soin d'enlever d'abord complètement l'ancien.

◁ PRÉPARER LES RACINES
Démêlez la motte si elle est compacte. À l'aide d'un sécateur, coupez les racines blessées ou trop anciennes.

66 COMMENT REMPOTER UN CACTUS

Le meilleur moment pour rempoter les cactées et plantes grasses est au printemps, lorsque la végétation reprend. Choisissez un pot légèrement plus grand que le précédent.
Installez une plante de moins de 15 cm de haut dans un pot dont le diamètre est supérieur de 2,5 cm à celui de la plante ; une succulente plus imposante sera rempotée dans un conteneur dont le diamètre dépasse de 5 à 10 cm celui de la plante.

1 Nettoyez parfaitement le nouveau pot à l'eau. Déposez un peu de mélange terreux au fond. Le pot précédent servira à marquer le volume occupé par les racines.

2 Remplissez de mélange l'espace entre les deux pots jusqu'à 1 cm du bord. Tassez délicatement en tournant le petit pot et en appuyant dessus.

3 Couchez la plante sur le côté et enlevez le pot. Secouez doucement la motte pour faire tomber l'ancien terreau. Démêlez la motte et raccourcissez les vieilles racines.

4 Insérez la motte en maintenant la plante en position verticale. Comblez l'espace vide de mélange terreux et tassez légèrement. Recouvrez de graviers la surface du pot.

La Multiplication

67 Méthodes de multiplication

La multiplication végétative permet d'obtenir facilement de nouveaux cactus et plantes grasses. C'est également l'unique moyen d'augmenter le nombre de plantes rares. On peut multiplier les hybrides de plantes grasses par bouturage et par séparation de rejets. La multiplication par semis vise à obtenir de nouveaux types de plantes. Le greffage est le plus souvent réservé aux espèces délicates ou exigeantes.

DES ÉTIQUETTES POUR LES JEUNES PLANTS

68 Le semis

Pour obtenir de bons résultats, il vaut mieux utiliser des graines récentes – que vous collectez éventuellement vous-même sur vos plantes – que des graines achetées dans le commerce. Laissez-les sécher sur du papier absorbant, puis éventez-les pour éliminer les enveloppes qui risquent de faire pourrir les semences.

1 Remplissez un pot de terreau pour cactées et tassez bien. Répandez les graines à la surface. Plongez le fond du pot dans de l'eau tiède, puis laissez-le s'égoutter.

2 Déposez des graviers à la surface et recouvrez le pot d'un sac plastique transparent. Placez-le dans un endroit chaud (au moins 19 °C, ou bien 21 °C à 27 °C) et éclairé.

ENFONCER LES GROSSES GRAINES DANS LE TERREAU

69 SEMER LES GROSSES GRAINES

À la différence des semences minuscules que l'on peut répandre à la surface du pot, les graines plus grosses doivent être enfoncées dans le sol à une profondeur correspondante à deux fois leur grosseur. Espacez-les d'au moins 1 cm. Certaines graines possèdent une enveloppe assez dure. Placez-les 48 heures dans le réfrigérateur avant de les semer.

70 LE REPIQUAGE DES JEUNES PLANTS

Les graines germent en général au bout de 2 à 4 semaines. Enlevez le sac plastique pour favoriser la ventilation, et prenez soin d'installer le pot dans un coin éclairé mais à l'abri du soleil direct (lumière tamisée), où la température ne descend pas en dessous de 10 °C. Quelques mois plus tard (un an pour certaines espèces), vous pourrez repiquer les jeunes plants qui auront atteint au minimum 2,5 cm de haut. Installez les toutes petites plantules dans des terrines, et les plus grandes dans des pots.

1 Repiquez les jeunes plants lorsqu'ils commencent à être à l'étroit. À l'aide d'une spatule, détachez de petits groupes de plants avec leurs racines

2 Séparez les plants délicatement. Veillez à ne pas abîmer le système racinaire, très fragile. Conservez un peu de mélange autour de chaque

3 Remplissez de mélange des godets de 5 cm de diamètre et installez un jeune plant par godet. Recouvrez de graviers. Arrosez 3 à 4 jours après le

71 LA POLLINISATION CROISÉE

Pour que les plantes produisent des graines, le pollen doit passer d'une fleur à l'autre. Dans la nature et chez les plantes cultivées en pleine terre, la pollinisation est effectuée par des insectes. Pour les plantes cultivées en appartement, vous devez pratiquer la pollinisation croisée à l'aide d'un pinceau fin.

1 Lorsque la fleur est bien ouverte, passez délicatement le pinceau sur les anthères chargées de

2 △ Déposez les grains de pollen ainsi recueillis sur le stigmate de la fleur d'une autre plante de même espèce. Quand vous collecterez les graines, pensez à noter leur historique

72 LE BOUTURAGE DES FEUILLES

Le bouturage des feuilles est un moyen facile et efficace de multiplier les plantes grasses comme les *Gasteria* et quelques *Haworthia*. Prélevez des boutures lors de la reprise de la végétation. Elles s'enracineront dans 3 à 12 semaines.

1 Choisissez une feuille jeune et vigoureuse, et arrachez-la de la tige. Conservez-la dans un endroit chaud et sec pendant un jour ou deux (en fait, jusqu'à ce que la plaie soit complètement cicatrisée).

2 Remplissez un godet de mélange pour cactées jusqu'à 5 cm du bord. Insérez la feuille et comblez l'espace vide de graviers. Le terreau doit rester humide. Installez le pot dans un coin chaud (18 °C) et assez ombragé.

73 LE BOUTURAGE DES TIGES

Nombre de plantes grasses peuvent être multipliées de cette manière, sauf celles qui accumulent l'eau dans leurs racines tubéreuses. Prélevez des boutures de tige au printemps. Évitez de faire des boutures trop longues, car elles risquent de pourrir avant de prendre racine.

1 △ Choisissez une tige solide et saine. À l'aide d'un petit couteau tranchant, coupez un fragment de tige juste au-dessus d'une nouvelle pousse ou d'un bourgeon.

2 △ Enlevez les feuilles du bas et raccourcissez la bouture : elle doit mesurer 5 à 10 cm de long. Installez la bouture dans un endroit chaud jusqu'à ce que la plaie cicatrise parfaitement.

3 △ Plantez la bouture dans un pot rempli d'un tiers de mélange pour cactées et de deux tiers de gravier. Installez le pot dans un coin aéré et ensoleillé. Veillez à maintenir le terreau humide.

74 COMMENT LIMITER L'ÉCOULEMENT DE LA SÈVE

Tous les *Euphorbia* ainsi que quelques plantes grasses de la famille des Asclepiadacées sécrètent une sève lactescente lorsque l'on prélève des boutures. La sève durcit plus rapidement si vous plongez l'extrémité coupée dans l'eau tiède pendant quelques secondes. Protégez vos mains, car ce "lait" peut être irritant. Si la sève s'écoule aussi de la plante mère, recouvrez la plaie d'un tissu imbibé d'eau.

75 Boutures de fragments de tige

Les plantes ayant des tiges plates comme les *Epiphyllum* ainsi que bon nombre de cactus-cierges peuvent être multipliés à partir de petits morceaux de tige. Prélevez le fragment de tige vers la fin de la période de repos végétatif. La bouture s'enracine au bout de 3 à 12 semaines.

1 À l'aide d'un couteau tranchant (préalablement désinfecté), découpez une tige en morceaux de 23 cm de long chacun et laissez-les sécher.

2 Remplissez un godet d'un tiers de mélange pour cactées et de deux tiers de graviers. Insérez l'extrémité la plus épaisse de la tige dans le mélange.

76 La séparation des rejets

Certaines cactées telles que les *Mammillaria* et les *Echinopsis*, ainsi que des plantes grasses comme les *Haworthia* et les *Gasteria* forment de nombreux rejets à leur base. Ceux-ci développent leurs propres racines. On peut les séparer de la plante mère au printemps et les cultiver par la suite comme des plantes à part entière.

1 À l'aide d'une spatule, détachez les rejets vigoureux de la plante mère. Passez une préparation à base de fongicide sur la plaie et laissez sécher la tige avant de replanter.

2 Remplissez un godet de mélange terreux et plantez les rejets à la même profondeur que dans le pot d'origine. Recouvrez la surface de gravier et installez le godet dans un endroit bien éclairé.

77 LA SÉPARATION DES TUBERCULES

Les plantes grasses aux racines tubéreuses tels le *Senecio* et le *Ceropegia* donnent naissance à des rejets pourvus de leurs propres tubercules souterrains. Séparez ces rejets et cultivez-les comme autant de plantes indépendantes. Espacez les arrosages jusqu'à la formation des racines pour éviter les risques de pourriture.

1 Creusez dans le mélange avec une spatule à la recherche d'un jeune tubercule. Détachez-le de la racine tubéreuse.

2 Laissez-le sécher. S'il porte des racines, plantez-le dans un mélange pour cactées. Sinon, employez des graviers avec un peu de terreau.

78 L'ÉCLATEMENT DES RACINES

Cette méthode de multiplication s'applique aux espèces qui possèdent des racines denses, aux plantes à rhizome, parfois stolonifères. Elle permet, par exemple, de conserver les couleurs des jeunes plants provenant des cultivars de Sansevieria.
On peut pratiquer l'éclatement des racines pendant la période de repos végétatif.

1 Dégagez compètement la motte de la plante mère (Sansevieria trifasciata). Divisez-la en plusieurs fragments ayant chacun son propre centre de croissance.

2 Supprimez les éventuelles parties abîmées du système racinaire. Passez un fongicide sur les plaies et laissez sécher les fragments de racines avant de les rempoter séparément.

79 La greffe en fente

La greffe est une technique particulièrement adaptée aux espèces difficiles et à croissance lente. La pointe d'une plante à tiges minces et plates (greffon) est greffée sur un végétal vigoureux (porte-greffe). La greffe peut décupler le rythme de croissance. Les cactus "feuillus" tels les *Schlumbergera* devront être greffés en fente au début de la période de croissance active.

1 Coupez l'extrémité d'une tige robuste (sur 2 à 3 cm environ) de la plante qui constituera le porte-greffe.

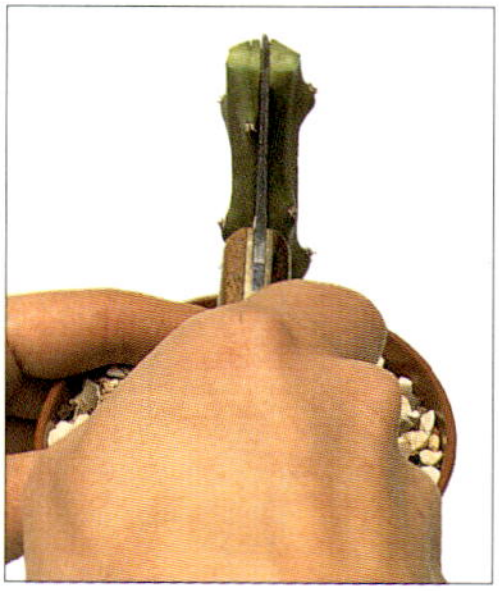

2 Pratiquez, délicatement, une incision verticale de 1 à 2 cm de profondeur au milieu de la tige porte-greffe.

3 Coupez un morceau de tige saine (greffon), comprenant une ou deux feuilles, au niveau du centre de croissance.

4 Supprimez la partie inférieure (1 cm), puis taillez le greffon en V afin de pouvoir l'insérer dans le porte-greffe.

5 Introduisez le greffon dans la fente du porte-greffe. Leurs centres de croissance doivent être en contact.

6 Enroulez du raphia autour du porte-greffe afin de maintenir en place les deux tissus végétaux juxtaposés.

80 LA GREFFE À PLAT

On greffe à plat les cactus globulaires, ainsi que les plantes de forme très irrégulière ou dont le semis est dépourvu de chlorophylle. Choisissez un porte-greffe vigoureux (par exemple, un *Echinopsis*). Respectez les conditions d'hygiène pendant le greffage, car les plaies sont facilement attaquées par les champignons.

1 Munissez-vous d'un couteau tranchant très propre. Coupez la tête du porte-greffe, à 2,5 cm du sommet.

2 Retaillez les bords de la coupe (sur environ 6 mm) pour dégager une surface de contact suffisante.

3 Coupez le greffon, puis retaillez sa base comme pour le porte-greffe. Les deux coupes doivent être humides.

4 Placez les coupes l'une contre l'autre. Pressez les deux cactus et attachez-les à l'aide d'élastiques passés sur le sommet du greffon et sous le pot. Vérifiez que la greffe a pris au bout de deux semaines.

LA GREFFE A PRIS

Maladies et Parasites

81 Détecter les maladies fongiques

Bien que les cactées soient généralement des plantes résistantes, l'humidité excessive et l'air confiné favorisent le développement des champignons. Les tiges ou les feuilles abîmées facilitent également le développement de maladies fongiques.

Celles-ci sont plus fréquentes à la fin du printemps et en automne. L'eau qui se condense pendant la nuit à la surface des plantes cultivées en appartement ou à l'extérieur s'évapore lentement. Les spores des champignons se développent dans ces gouttelettes et attaquent le tissu végétal.

Maladies Fongiques
Taches brunes sur les tiges et les feuilles. Brûlez les parties atteintes et traitez la plante avec du sulfate de cuivre.

Pourriture Sèche
Des taches ayant l'aspect du liège apparaissent au collet à la suite de maladies non traitées ou à cause de mauvaises conditions de culture.

82 La prévention

La santé des cactées et des plantes grasses dépend essentiellement des conditions de culture.
Inspectez vos plantes régulièrement : l'idéal est de pouvoir intervenir dès les premiers symptômes de maladie. Examinez les nouvelles plantes très attentivement pour éviter que la totalité de vos plantes ne soient contaminée.

83 LES PARASITES COURANTS

Les parasites sont relativement faciles à combattre grâce aux insecticides. Pour les plantes grasses cultivées en serre, on peut également envisager divers moyens de lutte biologique. Les insecticides systémiques sont particulièrement efficaces : ils passent dans la sève des plantes, devenant ainsi un véritable «poison» pour les insectes qui s'en nourrissent. Pendant la période de croissance active, utilisez un insecticide systémique dans un but préventif. Versez la solution d'insecticide sur les racines de la plante. Si votre végétal est attaqué par des parasites, traitez avec un insecticide systémique une fois par semaine pendant un mois.

ARAIGNÉES ROUGES
Fréquentes dans les serres chaudes et sèches. Augmentez l'humidité ou cherchez un moyen de lutte biologique (un prédateur de l'araignée).

ANGUILLULES
Attaquent les tiges et les feuilles basales. Traces de pourriture noirâtre. La plante ne pousse plus. Traitez avec un insecticide systémique.

COCHENILLES
Petites boules blanches et miellat sur la plante. Traitez avec un insecticide systémique. Sous un climat chaud, introduisez des coccinelles.

ESCARGOTS ET LIMACES
Traces visqueuses et cicatrices sur les feuilles. Les plantes épiphytes sont très vulnérables. Utilisez des appâts anti-limaces.

Choix d'un Cactus

84 x Aporophyllum

Ces hybrides sont cultivés le plus souvent en suspension. Ils se distinguent par une floraison abondante, éclatante de couleur : orange, rouge cerise, rouge écarlate, violet, blanc. Les tiges, semblables à celles du genre botanique *Aporocactus*, dit "queue de rat", peuvent atteindre 2 m de long. Faciles d'entretien, les x *Aporophyllum* ont besoin d'un terreau assez riche, d'un peu d'ombre et de chaleur (pas moins de 6 °C). Pour favoriser la floraison, faites des apports d'engrais au printemps et à l'automne.

Une chaîne solide supporte le poids de la suspension.

Limitez l'arrosage en hiver pour ménager la pointe des tiges.

Les fleurs d'un orange vif apparaissent au début du printemps.

Certaines tiges retombantes peuvent prendre racine.

85 ECHINOCEREUS KNIPPELIANUS

Ce cactus à la silhouette bizarre développe au printemps des fleurs roses et des baies vertes à la pointe des tiges. Celles-ci poussent lentement. Épaisses, d'un vert très foncé, elles peuvent atteindre 38 cm de long. La plante aime la chaleur (la température ne doit pas descendre en dessous de 5 °C) et la lumière indirecte. Dans la nature, les racines forcent la plante à s'enfoncer dans le sol pour s'abriter d'un soleil trop fort.

86 ECHINOPSIS "FORTY-NINER"

Comme d'autres *Echinopsis* hybrides, ce cactus globuleux appartenant à la catégorie des "cactus-hérissons" est un amateur de soleil. Les plantes grandissent assez vite et produisent des fleurs d'un jaune éclatant. Celles-ci s'ouvrent le soir (la floraison est nocturne) mais ne durent que 24 heures.

Au printemps et en été, la plante produit des fleurs à plusieurs reprises. Robuste et résistant, cet hybride ne souffre pas du manque d'eau et tolère des températures allant jusqu'à 2 °C.

87 GYMNOCALYCIUM HORSTII

Ce petit cactus globuleux est très florifère dans sa jeunesse : il produit des fleurs tout au long de la belle saison. Aussitôt après la floraison, on voit apparaître des fruits verts, de forme ovoïde, recouverts d'une membrane cireuse. Installez cette espèce dans un endroit bien éclairé (lumière indirecte). Évitez de placer les *Gymnocalycium* en plein soleil : l'excès de lumière entraîne des brûlures et affecte la croissance des plantes. Protégez-les contre le gel.

88 MAMMILLARIA HAHNIANA

Cette espèce a une floraison abondante. Même les jeunes plantes produisent de nombreuses fleurs. *Mammillaria hahniana* est surnommé "gâteau d'anniversaire" : la plante produit aussitôt après la floraison (qui a lieu au printemps) une couronne de fruits rouges qui encerclent son sommet évoquant des bougies sur un gâteau.

89 MATUCANA INTERTEXTA

Ce petit cactus globuleux possèdent des aiguillons longs et piquants. Ses fleurs ressemblent à des trompettes rouges ou orange. La plante fleurit à partir de l'âge de 3 à 5 ans. La floraison a lieu au printemps ou en été, parfois pendant les deux saisons. Les *Matucana* adorent le soleil et exigent une température minimale de 10 °C. Ils ne supportent pas le froid et sont sujets à la pourriture des racines. Les plantes adultes peuvent former de petites touffes.

90 NEOPORTERA CLAVATA

Les tiges globuleuses de cette espèce se plaisent au soleil. Chez les plantes ayant atteint un diamètre de 5 à 8 cm, on constate deux époques de floraison : la première au printemps, la seconde en automne. Ce *Neoportera* a besoin de chaleur constante (toujours au-dessus de 10 °C). Espacez les arrosages pendant le repos végétatif. Apportez juste ce qu'il faut d'eau pour que les racines ne se dessèchent pas.

91 PARODIA CONCINNA

Originaires d'Amérique du Sud, les *Parodia* aiment les expositions ensoleillées. En hiver, lorsque le temps est clément, vaporisez de l'eau sur les plantes pour éviter que les racines ne se dessèchent. Attention, l'arrosage par temps froid risque de provoquer la pourriture des racines. Le *Parodia concinna* fleurit au printemps et en été. Les fleurs jaunes possèdent des stigmates marron. Les aiguillons, dont la couleur varie du jaune au rouge, sont fins et soyeux. Avec l'âge, la plante commence à donner des pousses et prend l'aspect d'une touffe.

Les jeunes pousses apparaissent sur le corps sphérique de la plante mère.

92 STENOCACTUS MULTICOSTATUS

À la belle saison, ce cactus se pare de fleurs très décoratives d'un rose pâle rayées plus foncées. La tige, globuleuse, est recouverte d'aiguillons d'un marron cuivré. Toutes les espèces de *Stenocactus* se plaisent au soleil. En revanche, elles ne tolèrent pas des températures en dessous de 5 °C. Il vaut mieux les installer de façon à ce que l'on puisse admirer leurs belles fleurs d'en haut.

CHOIX D'UNE PLANTE GRASSE

Le centre de croissance se trouve au milieu de la rosette.

93 AEONIUM ARBOREUM "SCHWARTZKOPF"

En été, les rosettes de feuilles violet foncé de cette plante grasse créent un bel effet décoratif en bordure d'un massif. Cette plante est particulièrement résistante au froid. Cependant, l'humidité excessive risque d'entraîner la pourriture des racines. Plantée dans un endroit ensoleillé, elle maintient sa couleur tout au long de l'hiver.

94 AGAVE VICTORIAE REGINAE

Cette plante aux feuilles charnues finement bordées de blanc et terminées par une pointe noire est une habituée de nos jardins. Elle pousse assez lentement, mais sa belle rosette vert foncé a des qualités décoratives certaines. Au bout de 20 à 30 ans, les plantes arrivent à maturité (60 à 90 cm de diamètre) et fleurissent. Bien que grand amateur de soleil, l'*Agave victoriae reginae* supporte bien le froid (jusqu'à 2 °C).

95 ALOE PLICATILIS

Cette plante grasse de plein soleil forme des touffes denses et peut également avoir un développement arbustif d'une envergure allant jusqu'à 3 m. À la fin du printemps ou en été, elle produit quelques belles fleurs rouges ou orangées, puis entre en repos végétatif.

96 CRASSULA ARBORESCENS

Appelée aussi "dollar d'argent", cette plante est cultivée pour la beauté de ses feuilles charnues d'un vert bleuâtre. Elle peut former avec le temps un véritable petit arbre de 3 m de haut et de 1,2 m de large. Si la plante est installée en plein soleil, ses feuilles recouvertes d'une pellicule cireuse se bordent de rouge. Ce *Crassula* doit être taillé assez souvent pour éviter que le feuillage trop dense ne fasse plier les tiges. À la fin de l'automne, des fleurs roses apparaissent qui peuvent durer tout l'hiver.

97 DUDLEYA BRITTONII

Cette rosette, de croissance relativement lente, est très prisée pour son coloris argenté. Les nuances de blanc métallique sont encore plus prononcées en hiver. Maintenez-la plutôt au sec à cette époque de l'année. Elle ne résiste pas à une température inférieure à 10 °C. En été, des fleurs d'un jaune pâle apparaissent au bout des longues tiges (90 cm).

98 ECHEVERIA TUNDELLII

Voici une plante d'entretien facile qui donne de nombreux rejets. Les rosettes vert-bleu, très délicates, s'amassent en petites touffes et fleurissent lorsqu'elles sont encore très jeunes (d'un diamètre de 2,5 cm). Les fleurs rouge flamme sont très appréciées des amateurs. Plantes de soleil, les *Echeveria* se parent de leurs plus belles couleurs lorsqu'on les cultive à l'extérieur. En appartement, placez-les dans un coin bien éclairé.

Les tiges retombantes portent des fleurs rouge et jaune.

Les petites rosettes se multiplient rapidement.

99 HAWORTHIA COARCTATA VAR. ADELAIDENSIS

La plupart des *Haworthia* possèdent des feuilles charnues réunies dans une rosette dense, mais cette espèce est une des rares dont les feuilles coriaces s'imbriquent pour former des branches cylindriques. Elle présente la particularité de changer de couleur. Par temps frais, lorsque la croissance redémarre, ses feuilles sont d'un vert foncé ; pendant les été torrides, la plante entre en repos végétatif et devient rouge écarlate. Cette espèce, qui donne de nombreux rejets, préfère la lumière tamisée.

△ VUE LATÉRALE

Les feuilles, aiguës et incurvées, ressemblent à des écailles.

△ VUE SUPÉRIEURE

L'extrémité des feuilles forme une petite touffe au-dessus du sol.

100 LITHOPS SALICOLA

Les *Lithops*, surnommés "plantes-cailloux", sont de petites masses succulentes de la taille d'une pierre. Le *Lithops salicola* est une des espèces les plus grandes. Souvent, on n'aperçoit à la surface du sol que l'extrémité de ses feuilles gris ardoise. Par temps très chaud, la plante entre en semi-dormance. Elle produit alors en automne des fleurs blanches semblables à de petites marguerites. Il s'agit d'une espèce difficile, très sensible au manque de lumière et à l'arrosage excessif.

Les fleurs apparaissent au centre de la fissure qui se forme entre deux feuilles.

101 SEMPERVIVUM ARACHNOIDEUM

Cette joubarbe, dite "toile d'araignée", est une petite plante de montagne qui convient parfaitement à un jardin de rocaille. Résistante et peu exigeante, elle donne de nombreux stolons au printemps, prenant rapidement un aspect tapissant. En été, les rosettes de ce *Sempervivum* se couvrent de filaments blancs qui font penser à une toile d'araignée.

INDEX

Crédits Photographiques

Photographies

Code : h *haut*, b *bas*, c *centre*, d *droite*, g *gauche*.

L'ensemble des photographies a été réalisé par Peter Anderson et Steve Gorton excepté :

Linda Burgess 39 ; Geoff Dann 8, 9cd ; Jeff Foot 10b ; John Glover 19td ; Dave King 14, 15cg, 16, 17cg, 17bg, 18, 20hd, 21hg, 21b, 22, 28bd ; Jorge Provenza 10hd ; Juliette Wade 2 ; Mathew Ward 15bd, 25bd, 26b, 27hg, 29, 3g, 40bd, 44bg, 45hd, 45bd, 52b.

Illustrations

Andrew Farmer